VEINTIÚN SIGNOS EN LA FRENTE

VEINTIÚN SIGNOS EN LA FRENTE

GEORGE REYES

Valparaíso
EDICIONES

Número 458 de la Colección VALPARAÍSO DE POESÍA
dirigida por FEDERICO DÍAZ-GRANADOS

Diseño de portada: Chari Nogales
www.charidisonadora.com
Imagen de portada: Francescoch

Primera edición: marzo de 2025

ISBN: 979-13-87538-09-5
Depósito Legal: GR 114-2025

Impreso en España - *Printed in Spain*
Gráficas Gami

VEINTIÚN SIGNOS EN LA FRENTE

A la morena América,
yaciendo en sueño
arriba del sol.

Al Triuno Dios, el misterio
de nuestra esperanza.

A MODO DE PRÓLOGO: UNAS NOTAS PARA *VEINTIÚN SIGNOS EN LA FRENTE*

Creo recordar que fue Poe y después Valéry quienes afirmaron que la composición de un poema es un acto puramente intelectual, pues un poema no debe significar sino ser, al igual que aquella zarza bíblica: hay que ser siendo, no ser el que se es. Bien es sabido que la poesía es el medio para crear una sensación de manera inteligente, que conmueva y emocione, a través de la construcción consciente y con conocimiento, a la vez que experiencia, del poema, resultado este de una reflexión filosófica: con pensamiento, sobre la imbricación de las causas y los efectos. Y será Juarroz quien señale que el sentido que tiene la poesía es darle voz al sentido oculto.

Y esto es lo que encontramos si caminamos despacio por los poemas de *Veintiún signos en la frente* (Valparaíso Ediciones), del poeta George Reyes (Ecuador/México), pues es descubrir de sopetón el admirable quehacer demiurgo del autor, puesto que no es un libro de poesía al uso, convencional, pues es un libro, un poemario, un volumen que hay que conocer, leer, subrayar, memorizar. Vale la pena descubrir ese "fraseo de muerte calado en tu frente". Por eso un buen prólogo es el que pone en riesgo al autor y a las personas lectoras en un aprieto: leer o no leer el libro. Y piensen ustedes, que uno siente temor y temblor, porque ya estamos más que hartos de los comentarios más que hiperbólicos de cada uno de los libros que se publican y nadie es el mejor de su generación y nadie es el fenómeno editorial del momento y nadie es único e inimitable; pero, de ahí la sorpresa de este poemario.

Es tan interesante como navegar en una mar oceánica y no naufragar o como intentar saber cuál es la marca, el signo aquel, en la frente de Caín. Este poeta, ensayista, narrador, crítico literario, editor, educador teológico, asesor académico y teólogo escritor reconocido, residente en México, ha publicado varias obras teológicas y cantidad de ensayos en el mismo ramo, en revistas y sitios virtuales académicos; coautor de varios libros de Teología; traduce hebreo y griego bíblicos; habla inglés y portugués; autor de los poemarios *El azul de la tarde; Ese otro exilio, esa otra patria; El Árbol del Bien y del mal*; y es editor y autor de varias antologías poéticas de homenaje, entre otras más cosas. Un agitador cultural extraordinario. Pero es, sobre todo un poeta con una voz insólita y con una imaginería desbordante de singular lucidez, diríase. Es una poesía donde la voz y su eco es la existencia humana. ¡Ahí es nada!, en ese devenir telúrico del silencio: "En la frente, duelen veintiún signos/ y mi risa, ¿a qué tiempo se marcha/ libre de metáforas?"

Reyes es un poeta que se imbrica con y en la tradición de la poesía culta de elaborado discurso y más que adecuada figuración del lenguaje, que bebe de la fuente de la tradición hasta nuestros días, no en vano es un gran lector y conocedor de todas las corrientes literarias, foráneas o no, de aquende y de allende. Hay en el estilo de este poeta un poso romántico libertario, de ahí la espiritualidad del arte, sin ir más lejos, y esto se ve hasta en la expresión de la emoción y en la preferencia por la búsqueda de la integridad creativa en referentes idealistas opuestos al materialismo y al realismo. Esa referencia a lo telúrico, que busca la esencia de la poesía y la suya propia como poeta, aunando pensamiento, emoción y espíritu: "En mi raya horizontal/ oigo esa otra voz sedal".

Hay que destacar en la lectura de este brillante poemario que sus poemas son composiciones en donde la idea, el pensamiento, presenta sus mayores posibilidades de desarrollo, la sugerencia a la persona lectora, donde los juegos metafóricos alcanzan su meta y es ahí donde late esa reivindicación por construir una identidad propia, de francotirador, al margen de grupos, navegando en soledad: "El viento gira un perfume que huele ajeno/ en el territorio fluyendo en tu sangre".

Otra de las singularidades formales que hay que resaltar y que refuerza el valor de este poemario es la manera en que cada poema se inicia, se abre, a través de una máxima o casi aforismo: "Perfume/ que huele/ de arriba abajo/ a esencia salvaje". O "vengo aquí del ignoto margen/ a consagrar aquella nada". También, cabe apuntar que la sobreabundancia léxica acerca de la vida, desde los más cotidiano a la propia naturaleza, permanece casi imperceptible en el orden de lo temático, no es este un poemario bucólico, se trata más bien de una cuestión de estilo, de recuperar lo telúrico a la manera romántica, como base de inspiración del poeta George Reyes, quien se apoya en la sensible naturaleza para elevarse desde allí a la revelación: "¡Al/ fin,/ el humus/ ha germinado a mi gota, sin luz solar,/ sin luz solar, ha germinado a mi gota/ el humus,/ al/ fin!

Tal vez, y solo tal vez, el poeta en este *Veintiún signos en la frente*, cerca o lejos de las divinidades y la cultura judeocristiana, intenta, persigue y creo que logra salvarnos, hacernos más personas, con sus versos, pues "El dueño del brazo es quien lleva en su frente/ el signo de paz". O, gritando "Voy sintiéndome avatar que ya no duerme en soledad desocupada". Cabe señalar que el poeta Reyes escribe poesía con aquella arquitectura verbal de nuestro más y mejor Góngora; con la acidez brillante de Quevedo y la altura transparente de San Juan de la Cruz. ¡Ahí es nada: "en fiesta de balada crujiente"!

Creo también, que George Reyes ha logrado una tremenda ambición, pues ha sido capaz de captar como pocos la enjundia de la existencia, de nuestra existencia; así como captar el sentido del acontecimiento de la vida, a la vez que el sentido del acontecimiento mismo. Este poeta nos ofrece el mundo en su dimensión humana, un velar y un desvelar la realidad en el mostrar y en el poetizar esa necesidad que le persigue de expresar el mundo, con sus voces y ecos, desde una actitud metafísica, desde su pasión poética: "incendiado por la sed que sufren/ al margen del agua".

Puede decirse, pues, sin temor a equivocarnos, que este poeta tan polivalente, pluscuamperfecto, diríase, está imbricado con el exterior e interior de las personas, del mundo, de la teología y la mística religiosa y con la mística no creyente; también, con el amor humano y el divino. Todo lo conoce, lo canta y lo cuenta, con esa sencillez e ironía propia de los que son poetas, quienes celebran la vida por doquier: saben que es un regalo, como su poesía lo es para nuestro cerebro. ¡Poesía en estado puro que sigue aprehendiendo de la vida! "Los dioses caídos/ te han puesto/ en peligro/ sin mucha distancia". Su poesía es, no me cabe duda, mirada, memoria y lenguaje, con el que se bate el cobre como pocos: "pero en mi ventana apalabro el labio: ¡Dios no ha muerto!"

Creo que como lector apasionado de poesía me hago valedor de esta poesía de George Reyes y no quiero que diga como Cervantes: "Yo, que siempre trabajo y me desvelo/ por parecer que tengo de poeta/ la gracia que no quiso darme el cielo…", pues Reyes sí que tiene el don de la poesía y tenemos un altísimo concepto de su creación literaria. Y creo que este poeta tiende puentes con lo sagrado a través de la palabra. Y es que su poesía utiliza el lenguaje y de qué manera para cantar y contra el prodigio de la vida y el misterio de la muerte. Sigue asombrándose ante lo natural y siempre alerta buscando lo que está más allá del poema: esa elocuencia que nos libera.

Enrique Villagrasa

EN LA FRENTE, duelen **VEINTIÚN SIGNOS**
y mi risa, ¿a qué tiempo se marcha
libre de metáforas?
Son signos que abocanan
el caserío que mi mano alcanza,
los trozos de mi insepulta espera.

Despeñándose en v o l t ə r ə t ɐ s
cae agua secreta
al norte de mi entraña,
al sur de mi garganta,
al oeste de mi izquierda;

allí rebalsan dos casi nombres:
el mío que es transeúnte, se va marchando
       a un frescor de muelle que se va elevando;
el tuyo que es signo, se va quedando
       en un frescor de playa que se va bajando.

ESA OTRA VOZ

"…reposan a la sombra de sus
nombres las cosas"
OCTAVIO PAZ

En mi raya horizontal
oigo ESA OTRA VOZ sedal.

No es lisonja que a mi ser persuada
ni a la piedra por sus pliegues sorda,
cuya pesadez reposa en el orfanato de la hierba.

Combatió en llanura
[que asila mi morada fugitiva]
el reverso, vahído y revolcada
del presente indicativo de mi lengua,
aun no conjugado en futuro de ese modo.

Es como la luz que camina iluminada;
es como un descanso que regala el habla del amor…
Es voz con tan sopor de mediodía por tu sensatez en vivo.

Que el fandango de tu oído te alerte,
cuando el signo de esa voz lo taches en tu frente.

PERFUME SALVAJE

Perfume
que huele
de arriba hacia abajo
a esencia salvaje
de-prado solo
de-solo

s

o

l

o:

post-modern hedor
¿No es al que hiedes
de pies, cabeza y frente
en cada paso que das
ya en tus huesos?

El viento gira un perfume que huele ajeno
en el territorio fluyendo en tu sangre;
así has perdido el sereno del ángel y brindas amor en mesa sucia.
Traspasado en silencio ha quedado el ruido de tu asombro.

Tus narices respiran el tizne.

Tu lloro corteja la muerte.

Hueles, entonces, a viciado signo
de pies, cabeza y frente,
en cada paso que das
ya en silueta de carne oliente.

¡Qué brizna de náusea!

CONSAGRAR AQUELLA NADA

"La poesía debe ir más allá del
color local y biográfico"
ADÉLIA PRADO

Vengo aquí del ignoto margen
a CONSAGRAR AQUELLA NADA
con verso enfermo
de gen del siglo,
con rastro de un dios que muere
en el lomo de toda tarde.

¡Oh, soy soledad!
Me siento solo en lugar emboscado por elegías,
estirando el verso prensado
al estanque en que nada la espera,
a la cama en que descansa un nombre.

Guardan después mis labios
su bocado de poesía;
me desplomo en polo aun no derretido,
en que se congela
mi fajo de querellas.

Y DESPUÉS

*"De esa angustia que se
llama hombre"*
VICENTE HUIDOBRO

¡Qué alegría!
Vendrás sin el frío de ceniza,

después de arañar la vida cual ave diminuta,
después de asedar el talón rajado.

Y DESPUÉS

no he de querer plumaje de huracán
que aviente el polvorón de mi altura.

Ni tiritaré, ni en la antesala,
cuando me abracen los vientos que acaman la espalda,

ni tendré más soledad de playa que extraña el vals de las aguas,
ni sequía de cauce que ayer fue ría.

¡Pobres mis días sin tiempo
que aguantan el peso en su imparaíso
de quilos de lodo en su cuerpo!

DERRUMBE ALTERNO

Qué pena
ha empezado
a escasear
el verdor vaciado del campo,
la llama
verde
que consumía
tu fruto hoy revuelto en polvareda.
En vez de ella,
la imagen
asola tarde, día y noche;
cuidado,
me cuido:
derrocha
perfiles de acordes sonoros
con soledades de gota de hiel.

POR FAVOR

Si preciso
masticar esa palabra
no la hieras, por favor,
con sabor
de piedra,
ni con atracción
sombría
la señal gigante
de pisadas en pantano.

Porque vivir
cada mañana
dependo de un milagro,
solo déjame, por favor,
a tu sueño
entrar un día
y saborear
el anhelo azul que se hospeda en tu cabeza.

DESTROZO ENEMIGO

Tu mano de hierro
se enfríe,
se torne blanca,
sin gesto virtual
ni a control remoto.
Haga la paz
con el paisaje que ayer sabía
a mar con perlas
      esencia de árbol,
aire sin ruinas,
      volante pájaro,
río henchido,
      ser con lamento,
para volver
a ese edén que cayó en la tarde.

FATUM IMPUESTO

Duermen
soñando
su comida migaja
que se llevan a sus grandes bocas;
mastican mudos, sin tanta memoria,
tu silencio
porfiado,
fecundo,
germinado en sus manos.

SIN LUZ

Eco
de armas
en manos con callos,
a diario
arroncan
la voz anclada en la garganta,
dejando este espacio
sin luz del cielo
que gotea su llanto aquí abajo
¡Sssh!
Ronda peligro.

DESDE ADENTRO HACIA FUERA

Allí,
arriba de nada,
donde hacen patria de espalda,
nauseabundos huesos
despiden lamento, de esos velorios que aceleran mis pasos,
de adentro
hacia fuera,
allí donde el aire
hace gritar la ventana,

abre del pecho de gente que come su propia camisa colgando
                                                    en su cuerpo
portales de muerte plural.

MAQUINARIA VORAZ

Quieres
huir con pereza,
pero te agarra
esa fiera
de perfil hambriento,
de actuar
tanteado;
a tu mañana que emigra a cierta parte
devora en tránsito.

ESPECTADOR DE SIEMPRE

A ellos
llega

demasiado tarde

el proceso
de andar a pie;
anhelan actuar en el drama,
pero debutan en pobre reparto.

DE ROSTROS HUMANOS

Parece
que a nadie de aquí
le corre sangre en la frente:

unos
    con labios
          de rocas chocadas en signo infernal: odio;
otros
    con caras
          sucias de espumas de golfo.

POSFILOSOFÍA

Ese amargo sabor de boca
con hilera de algunos árboles
es un síntoma
del éxodo de valores que dan portazos,
al fondo de un cuarto en cenizas
incendiado por la sed que sufren
al margen del agua.

GIRO EXTREMO

No se ve
que concluya el guiño
al multiverso,
pese al trote con pies de flores,
a arcones altos
y tajo de amor de cofradía.

DESALMANIZACIÓN

Se dice
haber encontrado
la incógnita de la página
que se volteará mañana,
al haber creado
a este hombre
de vidrio molido,
al servicio
del *boom*
de adiestrada mascota.

UTOPÍA INTRUSA

¡Abuxilio,
he piado como pájaro en nido,
a ese oído que oye tanto!

Nadie quiere

que le hierva su figura
en agua que se ha fugado a prisa
por laderas de tus páginas de andanza

ora al norte,
                ora al sur,

seca a veces,
                a veces húmeda.

TORRENTE TUNTÚN

La
tecno-humana amanecida debajo sol que se ladea,
boceta en mi azotea
telón inclinado al cierre,
homocida *videns*.

INSOMNIO

Nadie
de nombre de más de una sílaba
acierta el verso futuro
en fiesta de balada crujiente
sin Dios, lenguaje lindo:

cabellera de amores clonados,
fraseo de muerte calado en tu frente.

JUEGO DE CRIATURA

Con todo,
con bolitas de sal
se quiere zurcir en mudez aturdida
las grietas del hábitat en quejumbre de herida
que ya desde ayer
yace en dolor de estatua
                    derretida.

PERSUASIÓN VIOLENTA

Te dicen
que al fin saciarás
la sed que masticas
con un nombre empaquetado:
glXmour,
bellezX,
espasmos

de alta estaturX:
silueta abismada en dos pies.

NARRATIVAS PARALELAS

Procurando orientar
destinos de callejuelas y asfaltos,
mil narradores
reescribir intentan
la antigua historia, lujo del alma,
con propias leyendas,
tinta de garrafón de lacra
en papel tiznado de gloria.

CAÍDOS DE SUEÑO

Los dioses caídos
te han puesto
en peligro
sin mucha distancia;
actuando con ojos prestados
ácido de alto grito
te mandan a respirar;
quizás deliran
vida en frontera.

AMANECER AL OTRO LADO DEL TIEMPO

Sacudirse el polvo que se trae
con las sílabas perfectas de una diestra;
dormirse en la eficacia
de la cámara del ojo que nos ve;
enroscarse sin temor
a los dientes de las bocas;

al brincar la noche y día,
en tanto el corazón grita pulsaciones

asestar al tímpano
bombazos de clamores,

es amanecer al otro lado del tiempo,
estampilla en la frente del primer signo.

ENDESCOMPÁS

Un paso más
al viejo ballet
que sabe
a gloria,
alarido
o tal vez a caos;
naufragas en el mar de dos sílabas sacras
en tu saliva espesa,
que te pudieran solfear el estribillo
de un canto embarrado de celebridad,
el de la vida por la cual respiras.

PRINCIPIALIDAD

Estáte
en plegaria
descalza,
curvando
la sombra
del árbol
que invadió
tu espacio...

CLAROLADO

Ni solo
debieras
verte apegado

a espejo mareado
    de sacrilegio,

si te ha colgado la mano que regala todo
una estrella en el cuello
que brilla sin fin de tiempo.

APALABRO EL LABIO
cuando al tuntún de tu triple paso me arrodilla lo sublime,
cuando cáeme rotunda la comedia,
cuando me es tímida la espera.

Este signo es un sinfín retorno;*

duele en la frente espejada;
duele en la lengua sin ropaje;
vuélvese indigente del verbo conjugado en devenir.

Despedazar quisiera

el ritmo con afán de mí,
el ritmo con su labia sobre mí,
el ritmo que en su tránsito me aturde
bajo el asco de las bocas,
pero en mi ventana apalabro el labio: ¡Dios no ha muerto!

*Alusión al "retorno eterno" de F. Nietzsche.

HOY BAJO EL TONO DEL GRITO

"Yo soy el único espectador de esta calle;
si dejara de verla, se moriría"

J. L. BORGES

HOY aquietado BAJO EL TONO DEL GRITO
en el borde en que al ayer esperé riente
con zumos salinos tan letales

de un turno

o ce
á ni
c o;

se empotró en el verso,
que se oculta despiezado en la sangre de mi mano.

Mi terceto bueno,
hoy casó mi lodo con rugido de hojalata;
¡ayayay!... de aquí mis ayes cuando en retornos muero
en esas calles de vueltas mediocres,
comiéndose las migas de mi anhelo como un pan.

¿Sabes lo que sé? Despedía yo cada miga de mis líquidos andares
y entre cipresales que venteaban mis recuerdos
se empozó en tu índice,

enjuagó mi olor a yaravíes,
salpicó a ese niño que miraba como vísperas
    los colores de las flores,
disolvió el siglo que llamé destino.

¡Oye, buen terceto:
gime aquí el instante,
                  allá grita lo eterno!

¡EL HUMUS AL FIN
HA GERMINADO A MI GOTA!

No desear que tu ser caiga en mi diagrama tendido
    en sombra,
es como agua dulce que grita al mojar un suelo amargo
    o tal vez tiza disuelta

en la gota que se alarga

y salta como alazán
a mis linfas que se van secando

de su cristal tempesteado por lagrimal reventado.

¡Al
fin,
el humus
ha germinado a mi gota, sin luz solar,
        sin luz solar, ha germinado a mi gota
           el humus,
           al
           fin!

¡AAAH, SOLEDAD, NO ESTÁS TAN SOLA!

Porque todavía mis talones trozan
un trillón de años estropeando piedras
de la calle octubre oculta en las pecas de la piel,
en cada mes envíanos patentado al sur del negro traje
una cúpula de cielo y allá le arranquen del plantío:
sauces cuyas lágrimas desaguan la tristeza,
habla sin ninguna sintonía triple,
diálogo estropeado por la lengua.

¡AAAH, SOLEDAD, NO ESTÁS TAN SOLA!

LÁPIZ DE ALEGRÍA EN REPOSO

Hay un brazo que es lápiz,
                  me escribe al buzón de mensajes
de presentes porfiados de lágrimas.

Hay un brazo que es lápiz
                  me escribe con ortografía liviana
                        sin peso de tantos pesares
de esos que pesan quilos de letras bordeando tus ojos.

Hay un brazo que es LÁPIZ
                  me escribe fajos de lluvia
                       DE ALEGRÍA
EN REPOSO
de aquellas que empapan la sed
y saturan los versos de miedo.

El dueño del brazo es quien lleva en su frente
el signo de paz.

DIÁLOGO EN LA TRAVESÍA

—Diálogo 1—

Como lengua deshuesada te has quedado
que me obliga a chapotear tu
    impronunciable nombre;
y me dices:

Y he aquí el asoleo jamás te ha dado llaga de la muerte.
He hablado con palabras que te abrazan con sus brazos;
        y te digo:

Voy sintiéndome avatar que ya no duerme
    en soledad desocupada.
Hoy me paro con tantísimo humano frente a tus oídos.

DIÁLOGO PAUSADO

—Diálogo 2—

¡Te veo en volteretas la cabeza por el turno del que es hoy,
en el éxodo de tus puntos cardinales!

Quien me habla, ¡escúcheme!: el olvido es mi hábitat
como árbol siempre estacionado,
como gran poema enmudecido,
o camino aislado sin pisadas.

Te diviso bajo el norte de este cielo que se agacha a verte.
Por eso, en pruebas de ausencias,
deja que te pongan un cerrojo a la invasión,
deja que te borden en la piel delicia corta.

Quien me habla, ¡escúcheme!: sí, y me esconderé
    en una página de lenguaje conspirado.
Con el lodo que me llueve adentro,
cuidaré de no bañar los ideales.

DIÁLOGO INFINITO

—Diálogo 3—

Hoy creció mi brazo:
alcanzó un clavel del color que me agrada tanto.

Tengo tímpanos que son hábitat de un río en revueltas
yéndose al mar,
donde
naufraga
también el sol.
Y largo será este diálogo
como larga es la delgadez del verbo
en el parloteo lejano donde quedan perdidas las bocas
en este hogar fugaz de alegrías prestadas.

Hoy creció mi brazo:
alcanzó un clavel del color que me agrada tanto.

Lo arrullo sobre la almohada de mi querer,
lo arrullo sobre aquella que nos acoge con su querer,
pues nunca se ha de fugar lo que el querer alcanza.

NO VOLVERÉ A MORIR

Resistencia 1

En este invierno no volverá a nevar
ni llorar la tierra por las puntadas de la lluvia
ni por la abofeteada de tus ojos.
La Pizarnik decía: el amor es otra cosa,
pero yo diré: el olor a amor que le lleva el viento
impide vegetar a un árbol solitario.

Resistencia 2

Las letras de mi nombre son soleadas tardes
que viven de postales in memoriam
que se van a la portada de mi obra sin reyerta allá en la percha.
¡Piedad! Déjenme coger esa portada antes que se rompa.

ON THE ROAD

Voy pausado por la calle pobre
porque pesan las palabras que arrastro.
Quiero hablarte por la calle que al suelo lanzan como poesía,
mas los verbos nunca salen de mi boca,
    pues son piedras atoradas.
        Pero me posee el alivio de mi hombría, de mi honor
              cuando grito ese sueño intocado siempre.

¡SIGNO DE IM-PARAÍSO!

"Ustedes son la sal de la tierra… y la luz del mundo". San
MATEO 5:13-14.

Aunque "el único contable es el sueño"
JEAN PORTANTE

*"Recibe este objeto en tu corazón, mira
en él algo que ames, mira de nuevo"*
OLVIDO GARCÍA VALDÉS

Escena uno: Imparaíso

"¿Qué en la calma de tu signo grita?" Me preguntas.
"¿Una gota de mudez que detona como pólvora?"
    ¡Me disparas!
Te respondo: ¡Sí! Y zarpazos en el lomo de papel también.

Ese que lo escribes en minúscula felina.

Ese que lo ves como lengua envejecida sin peso bastante.

¡SIGNO DE IM-PARAÍSO!

Escena dos: Paraíso

Mírenme la cara cuando ría en una foto; aquella en que
tiemble, es versión cansada y habla un idioma arrevesado,
cual disparo con sílabas difíciles. Tóquenle en su boca la
punta de la risa y tráiganle una silla tapizada de alegría,
que no ría de rodillas ni en glaciares quemaduras.

Escena tres: Desimparaisamiento

Este signo tiene luz que no se apaga
por el hielo que congela la ternura,
por el lápiz puntiagudo que ralla la memoria,
por las horas que nos corren de la vida.
Esta luz tiene este signo y su índice al sur:
tus grietas de sombras.

ÍNDICE